NOTA A LOS [illegible]

Aprender a leer es uno de los logros [illegible] ueña infancia. Los libros de *¡Hola, lector!* [illegible] ar al niño a convertirse en un diestro lector y a gozar de la lectura. Cuando aprende a leer, el niño lo hace recordando las palabras más frecuentes como "la", "los", y "es"; reconociendo el sonido de las sílabas para descifrar nuevas palabras; e interpretando los dibujos y las pautas del texto. Estos libros le ofrecen al mismo tiempo historias entretenidas y la estructura que necesita para leer solo y de corrido. He aquí algunas sugerencias para ayudar a su niño *antes*, *durante* y *después* de leer.

Antes

- Mire los dibujos de la tapa y haga que su niño anticipe de qué se trata la historia.
- Léale la historia.
- Aliéntelo para que participe con frases y palabras familiares.
- Lea la primera línea y haga que su niño la lea después de usted.

Durante

- Haga que su niño piense sobre una palabra que no reconoce inmediatamente. Ayúdelo con indicaciones como: "¿Reconoces este sonido?", "¿Ya hemos leído otras palabras como ésta?"
- Aliente a su niño a reproducir los sonidos de las letras para decir nuevas palabras.
- Cuando necesite ayuda, pronuncie usted la palabra para que no tenga que luchar mucho y que la experiencia de la lectura sea positiva.
- Aliéntelo a divertirse leyendo con mucha expresión... ¡como un actor!

Después

- Pídale que haga una lista con sus palabras favoritas.
- Aliéntelo a que lea una y otra vez los libros. Pídale que se los lea a sus hermanos, abuelos y hasta a sus animalitos de peluche. La lectura repetida desarrolla la confianza en los pequeños lectores.
- Hablen de las historias. Pregunte y conteste preguntas. Compartan ideas sobre los personajes y las situaciones del libro más divertidas e interesantes.

Espero que usted y su niño aprecien este libro.

—Francie Alexander
Especialista en lectura
Scholastic's Learning Ventures

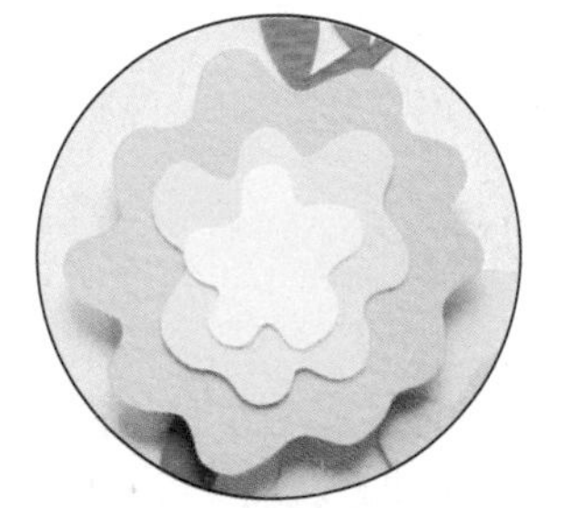

A Jordan, que plantó la semilla de la inspiración —J. Marzollo.

A mi querido amigo Lugene —J. Moffatt.

Originally published in English
as *I'm a Seed*

Traducido por Adriana Prosen

ISBN 0-439-08698-1

12 11 10 9 8 7 6 5 4 3 2 1 9/9 0/0 01 02 03 04

Printed in the U.S. A.
First Scholastic Spanish printing, January 1999

Soy una Semilla

por Jean Marzollo
Ilustrado por Judith Moffatt

¡Hola, lector! — Nivel 1

SCHOLASTIC INC.
New York Toronto London Auckland Sydney
Mexico City New Delhi Hong Kong

Soy una semilla.

¡Yo también soy una semilla!

Cuando crezca seré un clavelón.

¡Yo también!

No, tú no.

¿Por qué no?

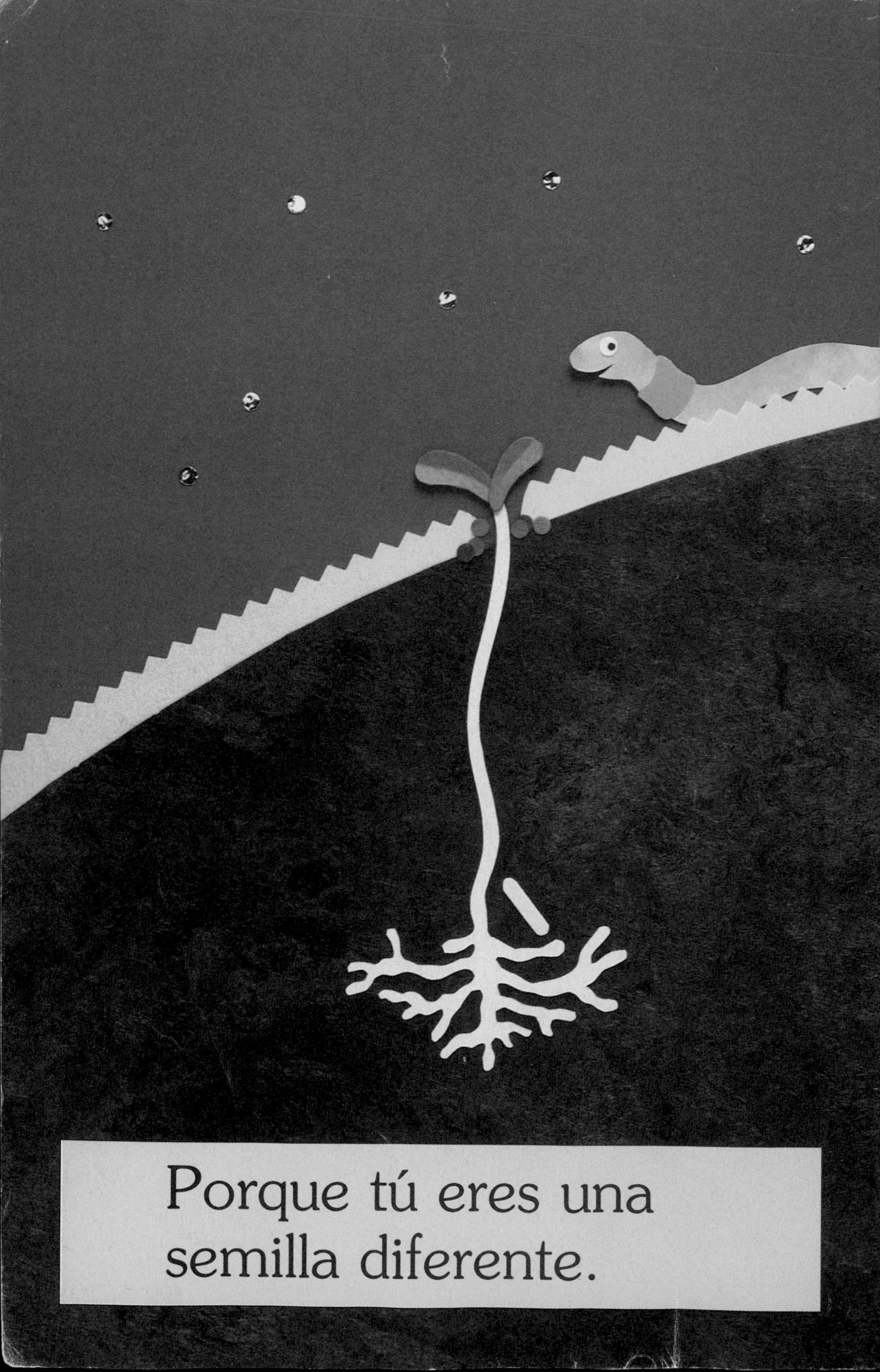

Porque tú eres una
semilla diferente.

¿Qué clase de
semilla soy yo?

¿Cómo voy a saberlo?
Espera y verás.

¿Cuánto tiempo tengo que esperar?

No mucho. ¿Ves?
Ya estamos creciendo.
Mi tallo crece hacia arriba.

Mi tallo crece hacia un lado.

Mis hojas son pequeñas y en punta.

Mis hojas son grandes y aterciopeladas.

Mis flores miran
hacia el cielo.

Mis flores se esconden entre las hojas.

Mis pétalos son amarillos, anaranjados y rizados.

Mis pétalos se marchitaron. ¡Ahora tengo unas bolitas verdes!

¡Tengo veinte flores!

Mis bolitas verdes se han vuelto anaranjadas.
¿Qué soy?

¡Una planta de calabaza!
¡Tienes seis calabazas!
¡Qué hermosas son!

Gracias. Estoy muy orgullosa.

¿Sabes que tenemos adentro?

¿Qué?

Semillas.
Cuando planten mis semillas se convertirán en clavelones.

Cuando planten mis semillas, se convertirán en calabazas.
Todo esto debe tener un nombre.

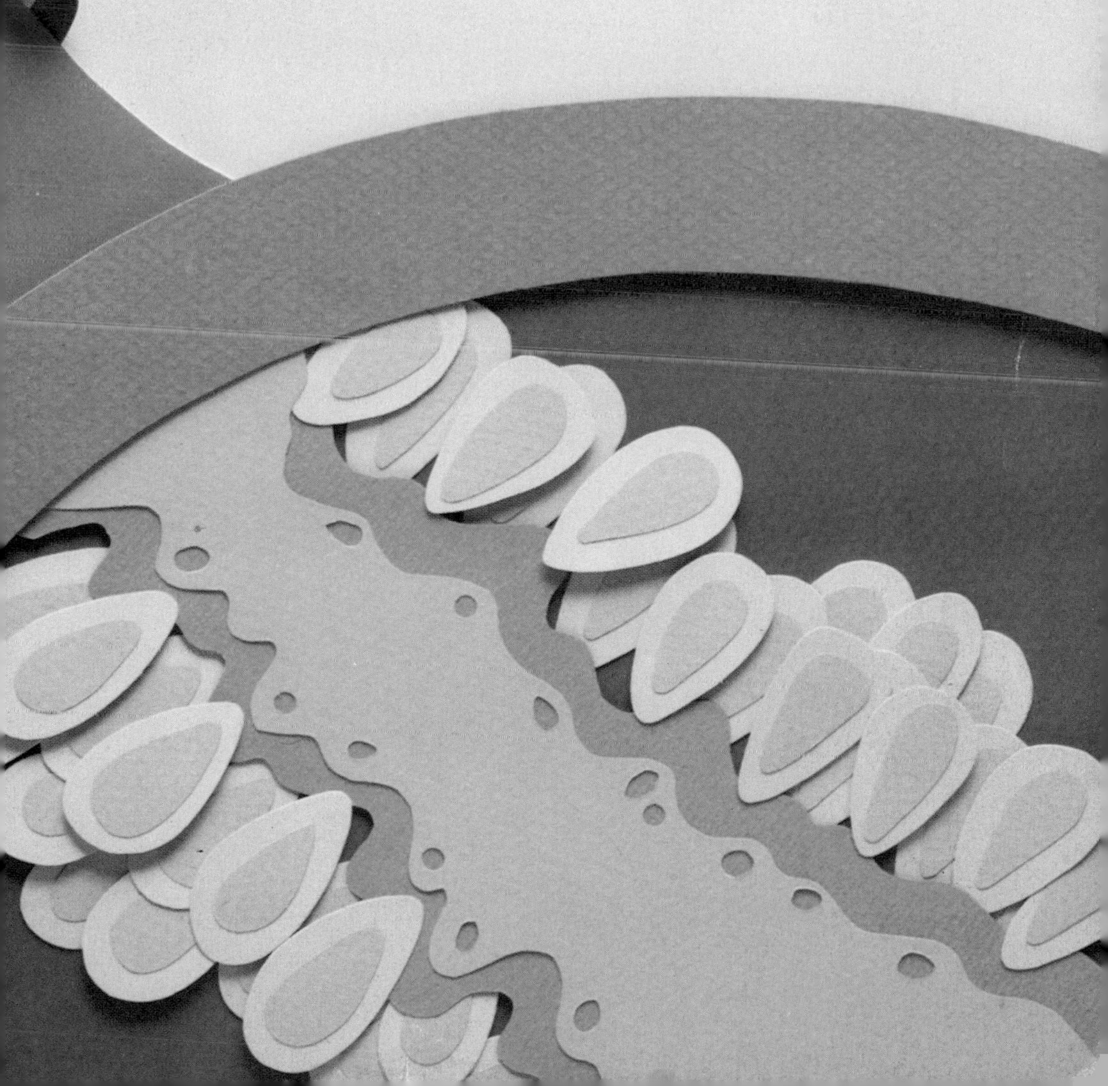

Sí, claro.
Se llama vida.

Soy una semilla.
¡Yo también soy una semilla!